AF249463

COUP D'ŒIL

SUR

L'HISTOIRE DE L'AFFAIRE DREYFUS

Discours prononcé par M. Leblois

à l'Inauguration du Monument

de

SCHEURER-KESTNER

précédé d'un Avant-Propos

de M. C. Pallu de la Barrière

62ᵉ MILLE

Prix 50 centimes

PARIS

P.-V. STOCK, ÉDITEUR

155, RUE SAINT-HONORÉ

1910

AVANT-PROPOS

Dans cette grande crise morale et politique qui s'appelle l'affaire Dreyfus, la manifestation de la vérité compte trois dates éclatantes : l'arrestation et le suicide du lieutenant-colonel Henry, convaincu de faux (août 1898); le premier arrêt de la Cour de cassation, ordonnant la revision (juin 1899); le second arrêt, cassant le jugement du Conseil de guerre de Rennes et réhabilitant Dreyfus (juillet 1906). Après chacun de ces événements, les adversaires parurent d'abord frappés de stupeur; mais rien ne marque mieux la gravité de la crise, que la promptitude avec laquelle, chaque fois, ils se ressaisirent et rallièrent leurs troupes débandées, pour opposer aux progrès de la vérité une résistance méthodique et obstinée.

Après le suicide d'Henry, c'est la théorie du « faux patriotique » et la glorification du faussaire, c'est une campagne d'intimidation, sans précédent, contre les magistrats de la Cour suprême, c'est la loi de dessaisissement, arrachée à la faiblesse des Chambres. Après l'arrêt de revision, c'est un redoublement d'inventions et de manœuvres, pour égarer l'opinion, pour influencer les juges militaires, c'est l'atmosphère surchauffée de Rennes, l'attentat contre M⁰ Labori, la seconde condamnation, viciée, comme la première, par des fraudes criminelles. Après l'arrêt de réhabilitation, la campagne antirevisionniste semble n'avoir plus d'objet; mais la fortune politique des partis de réaction est en jeu : la guerre contre la vérité continuera, aussi âpre, aussi tenace, sous une forme à peine modifiée.

Assurément, le pays s'inclina devant l'arrêt souverain de la Cour de cassation, mais il cessa en même temps de s'intéresser à l'affaire qui avait si longtemps retenu et fatigué son attention. Les adversaires ne manquèrent pas d'en prendre avantage. Leurs champions affirmèrent plus bruyamment que jamais la culpabilité de Dreyfus, et, sur cette base ruinée, ils échafaudèrent tout un système de calomnies contre la Cour de cassation, d'injustes dénigrements et d'attaques par la violence contre la République. Si extravagante que fût cette agitation, on eut tort de la croire négligeable. Sophismes et suggestions étaient accueillis avec faveur dans les milieux rétrogrades. Des manifestations répétées troublaient l'ordre, sans pourtant aboutir aux émeutes rêvées. Le commandant Dreyfus fut blessé d'un coup de revolver; des voies de fait furent commises sur le président de la République : attentats d'un caractère théâtral, accomplis, en plein jour, au Panthéon, aux Champs-Elysées. Des militants de moindre envergure s'attaquaient de nuit aux monuments qui célèbrent le dévouement de Scheurer-Kestner, de Trarieux et de Zola.

Grégori, Mattis, nombre de manifestants ont été déférés aux tribunaux. Mais l'on n'aura définitivement raison des adversaires que si l'on réussit à les déloger du terrain choisi par eux et à briser entre leurs mains leur arme préférée : dans la lutte actuelle contre la réaction, il importe que le pays soit instruit de la vérité sur l'affaire Dreyfus. Il ne faut lui cacher ni le péril qui menaça la justice, ni les combats que durent livrer ses défenseurs, ni les sacrifices dont fut faite la victoire du droit.

Nous ne pouvons d'ailleurs convier le public à étudier les volumineux documents de l'Affaire. Aussi de vous-nous prendre à tâche de lui présenter les faits sous une forme simple, brève, attachante aussi et qui mette en relief le puissant intérêt de la question. Rien de plus utile que des traités de ce genre. Leur documentation condensée, en persuadant le lecteur, le vaccine contre le virus du mensonge systématique : pénétré de la vérité, l'esprit humain devient invulnérable.

Comment composer ce précis? La forme didactique, la forme d'un récit, celle d'une sorte de chronologie circonstanciée, conviendraient peut-être également. Mais ne serait-ce pas en augmenter l'intérêt et la force persuasive que d'en demander le texte, pour ainsi dire, aux événements eux-mêmes, de l'emprunter, par exemple, aux paroles d'un des acteurs du drame, non pas sollicitées en vue d'une publication, mais dites à une heure où elles s'étaient trouvées nécessaires? C'est le cas du discours que M. Louis Leblois — l'un des premiers artisans de la revision — prononça lors de l'inauguration du monument de Scheurer-Kestner. En quelques pages concises et d'une ferme éloquence, il sut, nous semble-t-il, joindre au sincère et juste éloge du patriote alsacien un aperçu général de l'Affaire, à partir du moment où Scheurer-Kestner entra en scène. L'assistance réunie ce jour-là au Luxembourg en ressentit une vive impression dont le lecteur, à son tour, aura peine à se défendre. S'il connaît les faits, il sera frappé de la netteté des images où viendront se concentrer ses souvenirs. Si c'est pour la première fois que le drame se déroule sous ses yeux, il en comprendra la grandeur et en retiendra les leçons.

Comme nous venons de le dire, le discours de M. Leblois ne retrace les grandes lignes de l'Affaire qu'à partir de l'entrée en scène de Scheurer-Kestner ; il y a donc lieu de rappeler brièvement les événements antérieurs. Ici encore, nous aurons recours à M. Leblois : interviewé par le *Temps*, quelques jours après l'arrêt de réhabilitation, il fit des origines de l'Affaire un récit rapide et substantiel qui ne rencontra aucune contradiction et qui peut en conséquence être regardé comme définitif.

Rappelons tout d'abord que la seule base de l'accusation de trahison portée contre le capitaine Dreyfus était une lettre — connue depuis sous le nom de *bordereau* — interceptée par notre service de renseignements et qui offrait à l'attaché militaire de l'ambassade d'Allemagne diverses notes relatives à des questions militaires et un document sans caractère confidentiel (le projet de manuel de tir de l'artillerie de campagne, du 14 mars 1894). Une ressemblance d'écritures fit attribuer cette lettre à Dreyfus. Il était douteux qu'une charge unique et si faible suffît à entraîner une condamnation : « La fragilité de la preuve matérielle qui servira de base à l'accusation pourrait fort bien déterminer un acquittement », écrivait, à la veille de la clôture de l'enquête, l'officier qui en était chargé (rapport du commandant du Paty de Clam au général de Boisdeffre, chef de l'Etat-major général).

Devant le Conseil de guerre, un des officiers attachés au service des renseignements, le commandant Henry, porta contre l'accusé un faux témoignage. Néanmoins, l'acquittement restait possible. Le général Mercier, ministre de la Guerre, fit alors communiquer secrètement aux juges, avec un commentaire qui les appliquait faussement à Dreyfus, des pièces qui constataient des faits de trahison. C'est ainsi que fut obtenue une condamnation unanime à la déportation perpétuelle (22 décembre 1894). Dégradé dans la cour de l'Ecole militaire, Dreyfus protesta désespérément de son innocence. Le gouvernement demanda au Parlement de modifier le lieu de la déportation, et le malheureux officier fut interné à l'île du Diable.

En août 1896, le lieutenant-colonel Picquart, alors chef du bureau des renseignements au ministère de la Guerre, découvrit que l'auteur du bordereau était un commandant d'infanterie nommé Esterhazy. Il communiqua cette découverte à ses chefs, les généraux de Boisdeffre et Gonse, qui l'autorisèrent d'abord à continuer son enquête; lorsqu'ensuite ils voulurent étouffer la vérité, il leur déclara qu'il « n'emporterait pas ce secret dans la tombe ». Le général Billot, ministre de la Guerre, influencé par les chefs de l'Etat-major et trompé par une pièce fausse qu'avait fabriquée le commandant Henry, disgracia le colonel Picquart et l'envoya en Tunisie (novembre 1896).

Le colonel Picquart ne pouvait songer à résister; pendant plusieurs mois, il subit en silence toutes les mesures prises à son égard. Il ne perdit patience que lorsqu'il se rendit compte de la duplicité dont usait envers lui le commandant Henry, qui lui avait succédé comme chef du bureau; en mai 1897, il lui adressa une note assez vive. Le commandant y répondit par une lettre menaçante, évidemment autorisée par les chefs de l'Etat-major. Cette lettre parvint au colonel Picquart à Sousse, le 10 juin, au moment où il se disposait à quitter la Tunisie pour se rendre en congé à Paris; elle l'obligeait à préparer sa défense et à consulter un avocat. Il avait, à diverses reprises, eu recours aux avis de Me Leblois, avocat à la Cour d'appel et adjoint au maire du VIIe arrondissement, son compatriote et son ami d'enfance. Arrivé à Paris, il alla le voir, l'entretint, pour la première fois, de l'affaire Dreyfus et lui apprit, en même temps, la vérité sur cette affaire et les menaces auxquelles il se trouvait en butte. Laissons maintenant la parole à M. Leblois :

« Mon ami ne semblait guère inquiet; je m'émus davantage. De tout ce qu'il m'apprit, je conclus qu'une offensive immédiate s'imposait, et je m'efforçai de le décider à saisir le gouvernement. Il hésita; le lendemain, sa réponse fut qu'il ne pouvait s'affranchir lui-même des obligations qu'en entrant dans l'armée il avait volontairement acceptées. Par un scrupule

Monsieur le Président de la République,

Mesdames, Messieurs,

Les orateurs que vous venez d'entendre ont dit combien Scheurer-Kestner aima la liberté et la patrie; ils ont attesté tout ce que lui doivent la science et la chose publique, mais ils n'ont pu dire tout le bien qu'il faisait autour de lui, car il le cachait. Cette vie si pleine et si utile s'acheva dans un laborieux effort pour la justice. Permettez, Messieurs, à un de ses compagnons de lutte de rappeler brièvement les principaux traits d'une action où éclatent son désintéressement et sa générosité, où le dévouement le plus spontané s'élève jusqu'à l'immolation.

Ancien député du Haut-Rhin à l'Assemblée Nationale, Scheurer-Kestner était le dernier représentant de l'Alsace française. Il avait voulu demeurer indépendant. Ses services, la droiture et le charme de son caractère, d'illustres amitiés et d'illustres alliances semblaient marquer sa place au gouvernement; il ne lui manqua, pour être ministre, que le désir de l'être. La dignité de vice-président, à laquelle le Sénat venait de l'appeler pour la troisième fois, comblait son ambition politique. Nulle vanité, nul souci de popularité, l'horreur du bruit, de la déclamation, des attitudes théâtrales. Entouré

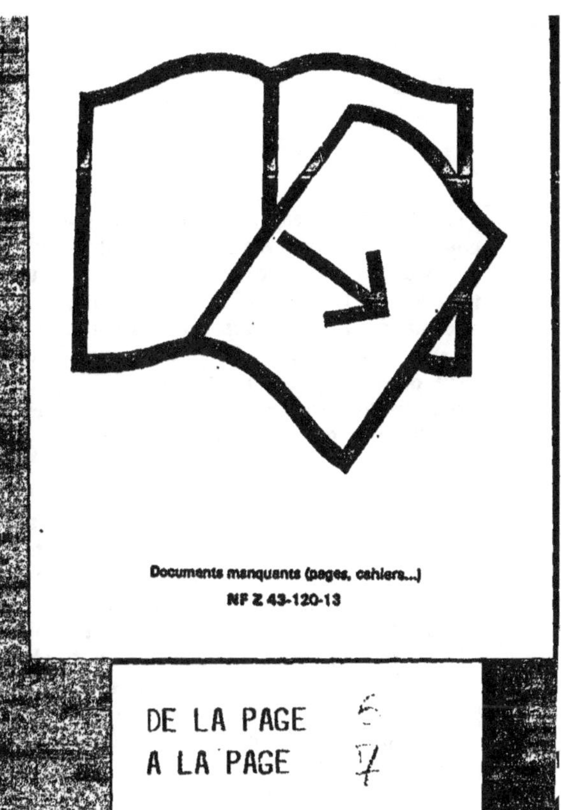

Documents manquants (pages, cahiers...)
NF Z 43-120-13

DE LA PAGE
A LA PAGE

d'affection et de respect, dans la tranquillité qu'il croyait avoir gagnée, il ne demandait, né souhaitait plus rien. Voici que l'on trouble son repos : est-ce à tort qu'un de ses compatriotes a été frappé de la peine ignominieuse sous laquelle il succombe ? Il n'aura point de cesse qu'il n'ait connu la vérité : Dreyfus est innocent ! Pour le sauver, il retrouve toute l'ardeur de sa jeunesse; mais il lui faudra prendre l'offensive, et peut-être restera-t-il seul contre des adversaires redoutables et qu'il connaît bien... Il affrontera leur haine et leurs représailles.

La condamnation du capitaine Dreyfus avait été ratifiée par l'opinion, sans réserve comme sans examen. Pour établir la trahison, une seule pièce, la lettre connue sous le nom de *bordereau;* pour incriminer Dreyfus, une ressemblance d'écritures. Autour de cette prévention si faible et dont tous les éléments demeuraient ignorés, on fit à dessein un bruit effroyable. Le public crut la défense nationale en péril, et prit violemment parti contre l'accusé dont les protestations n'arrivaient pas jusqu'à lui. Lorsque le Conseil de guerre, trompé par un faux témoignage et par une communication secrète, eut prononcé, à l'unanimité, la déportation perpétuelle, beaucoup taxèrent de faiblesse la loi pénale. Cependant, les fureurs de la presse antisémite n'avaient pas laissé d'inquiéter quelques esprits plus attentifs; les hésitations que laissa voir le gouvernement, les rigueurs mêmes de la détention et du huis clos, éveillèrent à leur tour des soupçons. A l'Ecole militaire, dans l'agonie de la dégradation, Dreyfus cria son innocence. Allait-il trouver quelque pitié ou quelque justice? On conjura le danger en lui attribuant faussement des aveux. Une loi modifia le lieu de la déportation; puis l'attention se détourna du condamné.

L'affaire Dreyfus, close en France, restait ouverte en Alsace. Sûre de l'innocence du capitaine, sa famille s'était juré de le réhabiliter, et, à côté d'elle, des sympathies, demeurées fidèles, se faisaient plus actives. Cette agitation favorable, s'étendant de proche en proche, atteignit Scheurer-Kestner. Dès qu'il eut accueilli un doute, il entreprit des recherches. Entre toutes les affirmations contradictoires qui parvenaient jusqu'à lui, il s'efforça de dégager des faits certains; mais, comme il ignorait, lui aussi, les éléments de la prévention,

ses investigations ne pouvaient aboutir à des conclusions défi-
nitives, et son opinion varia plusieurs fois. Tandis qu'il s'obs-
tine dans ce travail décevant, sa pitié s'éveille et croît avec son
inquiétude. A l'île du Diable, Dreyfus continue à souffrir: pen-
sée de plus en plus pesante, qui lui deviendra insupportable...

Tout à coup, la vérité, qu'il a si longtemps et si douloureu-
sement cherchée, s'offre à lui. Le 13 juillet 1897, il apprend
que, dans l'exercice de ses fonctions de chef du bureau des
renseignements, le lieutenant-colonel Picquart a découvert
l'auteur du bordereau, un commandant d'infanterie nommé
Esterhazy, et, par là, détruit la base de l'accusation. Les chefs
de l'Etat-major ont autorisé le colonel à continuer son enquête ; ils ont même recherché avec lui, ainsi que l'écrivait
le général Gonse, les moyens « d'arriver à la manifestation de
la vérité ». Scheurer-Kestner est convaincu, la passion de la
justice le transporte.

Il songe tout d'abord à la malheureuse et noble femme qui
a égalé les héroïnes du dévouement conjugal : il veut que
Mme Dreyfus sache aussitôt qu'il croit, comme elle, à l'innocence de son mari, et qu'il est résolu à le sauver.

Le lendemain 14 juillet, le vice-président du Sénat déclara,
au Luxembourg, à ses collègues du bureau, qu'il était per-
suadé de l'innocence de Dreyfus; il les pria même de répéter
ses paroles, afin qu'elles parvinssent aux membres du gouvernement. C'était à eux qu'incombaient les mesures répara-
trices, et il voulait leur en laisser tout le mérite. Il ignorait, en
effet, qu'il leur avait plu d'aggraver le supplice de Dreyfus, sur
un bruit qu'ils savaient faux. Maintenant, ils se consultent :
ils voient, d'un côté, leur ami Scheurer-Kestner, presque seul
dans le pays abusé et sans autre appui que la vérité, de
l'autre, une cabale militaire puissante et que rend plus auda-
cieuse son alliance avec la faction antisémite. Comme ils mé-
connaissent la force invincible de la vérité, Scheurer-Kestner
leur paraît le plus faible; ils dédaigneront ses prières et ses
avertissements, mais les menaces des factions alliées les trou-
veront prêts à capituler et à obéir.

Au commencement de septembre, Scheurer-Kestner, ayant
réuni les éléments d'une irréfutable comparaison d'écritures,
se tint pour suffisamment armé et arrêta ses dispositions : à la
rentrée des Chambres, il mettrait les ministres en demeure de
faire leur devoir; s'ils s'y refusaient, il saisirait l'opinion...

Mais il lui tardait de s'ouvrir au ministre de la Guerre, son collègue au Sénat, le général Billot, à qui l'unissait une ancienne amitié; il l'avisa donc de ses intentions. Le général lui demanda de différer toute action jusqu'à leur rencontre.

Ni la démarche de Scheurer-Kestner, ni la réponse du ministre ne restent ignorées des officiers compromis. Ils ne seront pas pris au dépourvu. N'ont-ils pas, depuis de longs mois, « nourri » le dossier de Dreyfus, et accumulé assez de pièces fausses pour faire obstacle à une demande en revision? Seul, Picquart était à craindre, mais il a été envoyé en Tunisie, et lui aussi a maintenant son dossier qui le perdra, s'il ose parler. Ils n'imaginent d'ailleurs pas que ces armes criminelles puissent les trahir au cours de la lutte. L'âpre mêlée, semblable par intervalles à une guerre civile, dominera, pendant deux ans, notre histoire; ils y préludent par des bouffonneries ridicules ou odieuses, les conciliabules en lunettes bleues, la menace d'une intervention étrangère.

Le 30 octobre, Scheurer-Kestner s'entretint longuement avec le général Billot. Il dit ses angoisses, ses recherches sa conviction appuyée sur des preuves, il nomma le coupable, sans rien obtenir du ministre qui se dérobait; il le supplia alors de faire une enquête personnelle, promettant, en retour, de garder le silence pendant quinze jours. Le général Billot ne fit pas d'enquête, mais son entourage mit à profit le délai. Dès le lendemain, les journaux, dénonçant et dénaturant l'entretien, prenaient à partie le vice-président du Sénat. L'attaque, concertée et préparée de longue main, fut sans merci; les outrages et les calomnies coulèrent à flots. Lié par sa promesse de silence, Scheurer-Kestner ne se défendait pas; ses adversaires purent croire qu'ils l'avaient mis hors de combat.

Il était, en effet, gravement atteint, il n'était pas abattu. La quinzaine écoulée, il fit juge le public : vous connaissez, Messieurs, l'admirable lettre qu'il adressa à son ami Ranc. Des sympathies venaient à lui, du Parlement, de l'Université, du Barreau; des écrivains et des savants prenaient sa défense; quelques journaux, non des moindres, secondaient son effort. Engageant ouvertement l'action revisionniste dans la voie tracée par la loi, Mathieu Dreyfus dénonça Esterhazy. Semaines de luttes violentes, que n'oublieront jamais ceux qui les ont vécues! Le 7 décembre, Scheurer-Kestner interpella le gouvernement et obtint l'expertise d'écritures qu'avec raison il jugeait indispensable. Il fut suivi à la tribune par un ancien garde des sceaux : Trarieux vint mettre au service du droit menacé son grand talent et son grand cœur.

Déjà, l'instruction ouverte contre Esterhazy approchait de son terme, et la justice militaire ne pouvait l'absoudre sans méconnaître l'évidence. Scheurer-Kestner croyait accomplie la partie la plus difficile de sa tâche; la lassitude l'obligeait d'ailleurs à prendre quelque repos; il demanda à Trarieux d'accepter à sa place le patronage de la cause revisionniste. Tout en cédant ainsi à un ami d'un égal dévouement et d'une plus grande compétence juridique, le premier rang dont sa modestie s'accommodait mal, il entendait demeurer fidèle à la cause où il avait engagé « tout ce qui lui restait de force et de vie » : « Ce don de moi-même n'est pas révocable », écrivait-il le 5 janvier. Il continua, en effet, à se dépenser sans compter; mais le but était plus éloigné qu'il ne lui avait paru. Que de labeurs encore et de souffrances! Le triomphe du droit et le salut de Dreyfus seront faits de sacrifices sans nombre, et Scheurer-Kestner paiera de la vie sa part d'une victoire qu'il ne verra pas.

Le 10 janvier, le vice-président du Sénat fut entendu comme témoin par le Conseil de guerre, au début de cette extraordinaire audience qui ne présenta que le simulacre d'un débat judiciaire. Dans le silence qui suivit tout d'abord l'acquittement d'Esterhazy, s'éleva la voix vengeresse de Zola, de Zola qu'après sa mort, on comblera de plus d'honneurs que, vivant, il n'essuya d'outrages.

Tandis que les crieurs de l'*Aurore* répandaient dans Paris le terrible réquisitoire, le colonel Picquart était arrêté et conduit au Mont-Valérien. Quelques heures plus tard, le Sénat, procédant au renouvellement de son bureau, ne réélut pas Scheurer-Kestner. Il subit cette disgrâce sans se plaindre, comme il avait supporté sans se plaindre les insultes, les échecs, les abandons, que surent adoucir, en redoublant de tendresse, ses proches et quelques fidèles amis. Rien n'avait pu lasser sa patience, pas même les importunités des officieux; rien ne pourra l'effrayer, si ce n'est les maladresses qui retardent le succès, les outrances qui le compromettent. Mais tant de chagrins et de fatigues ont altéré sa robuste santé; le mal se déclara au cours du procès Zola et empira bientôt.

Dans ce grand procès, qui fut si glorieux pour la défense,

et qui ne fut glorieux que pour elle, Scheurer-Kestner apporta son témoignage. Au lendemain de la condamnation de Zola, le gouvernement frappa les témoins qui relevaient de lui : le professeur Grimaux fut mis à la retraite, le colonel Picquart fut mis en réforme.

Après les élections, le cabinet Méline dut faire place au cabinet Brisson. Interpellé par un député nationaliste, le ministre de la Guerre Cavaignac tenta de démontrer la culpabilité de Dreyfus. La plus décisive de ses preuves fut un document postérieur de deux ans à la condamnation, et dont plusieurs généraux, parmi lesquels le général de Boisdeffre, chef de l'état-major de l'armée, avaient fait état devant la Cour d'assises ; le colonel Picquart l'avait alors argué de faux ; mais le ministre déclare qu'il en a « pesé l'authenticité matérielle et l'authenticité morale ». La Chambre entière l'applaudit et vote l'affichage de son discours. Picquart proteste ; il est jeté en prison, et sa détention durera onze mois.

Cependant, le ministre est contraint de reconnaître son erreur. C'est le colonel Henry qui a fabriqué la pièce : il l'avoue ; arrêté et conduit au Mont-Valérien, il se coupe la gorge. Le général de Boisdeffre résigne ses fonctions, Cavaignac donne sa démission.

La revision s'imposait. Le président du Conseil le comprit ; secondé par le garde des sceaux, il eut raison de tous les obstacles, et la Cour de cassation fut enfin saisie ; mais la Chambre ne lui en sut pas gré : le cabinet Brisson fit place au cabinet Dupuy.

Que serait-il advenu de ce pays, si, à l'exemple des pouvoirs publics, la Cour avait capitulé ? Elle résista. Refusant de s'incliner devant le mensonge qui usurpait le nom de raison d'Etat, dédaigneux des attaques dont eux-mêmes ils étaient assaillis, les magistrats de la Chambre criminelle accomplirent leur devoir. Leur enquête fit la pleine lumière et confondit les accusateurs de Dreyfus ; il semblait que l'heure de la justice fût proche. Le gouvernement intervint... Pour punir les coupables ? Non : pour dessaisir les juges. Il y parvint sans trop de peine. Une loi fameuse remit le jugement aux Chambres réunies : elles ordonnèrent la revision. Le lendemain, le président de la République fut insulté à Auteuil ; renversé par une majorité républicaine, le cabinet Dupuy fit place au cabinet Waldeck-Rousseau.

Conformément aux prescriptions légales, la Cour avait délimité le terrain du débat. Le tribunal militaire passa outre. D'émouvantes dépositions vibrent encore dans le souvenir de ceux qui assistèrent à ce long duel inégal de Rennes, où la défense était vaincue d'avance. Le gouvernement ayant laissé le champ libre aux adversaires, ils s'étaient emparés de la direction du procès; ils la conservèrent jusqu'à la fin, et, dans cet office de procureurs, se révélèrent merveilleux tacticiens. Leur domination était si bien établie, qu'ils auraient pu dédaigner les menus profits des audiences secrètes, mais ils ne voulurent rien laisser au hasard. Absorbés dans leurs combinaisons, ils surveillèrent mal ces dangereuses recrues que font malgré eux les partis. Labori tomba, frappé par derrière d'une balle qui faillit être mortelle. Il y avait lieu, dès lors, d'interrompre le procès; le Conseil en décida autrement. Trente audiences aboutirent à une division des voix et à une sentence entachée de contradiction : Dreyfus était condamné, mais deux des juges avaient voté l'acquittement, et la majorité accordait des circonstances atténuantes à une trahison qu'elle déclarait établie. Le dogme récent de l'infaillibilité des conseils de guerre en fut ruiné, et l'on soupçonna les fraudes qui, mises plus tard au jour par l'enquête du général André, motivèrent une seconde revision.

La maladie de Scheurer-Kestner s'était aggravée; depuis la fin de l'hiver qu'il avait passé en Alsace, il doutait de guérir. Il regarda la mort en face et conserva sa sérénité. Le climat des Pyrénées adoucit d'abord ses souffrances; il eut à Biarritz sa dernière joie, l'arrêt des Chambres réunies. De Luchon, arrivé près de sa fin, et si affaibli qu'il fût, il envoya aux juges de Rennes son témoignage, comme une suprême offrande à la justice. Vous vous en souvenez, Messieurs : c'est le jour où fut signée la grâce de Dreyfus que Scheurer-Kestner cessa de souffrir. Ainsi mourut, le 19 septembre 1899, ce grand serviteur du droit.

Depuis que les débats solennels de la Cour de cassation et son arrêt souverain ont donné à l'innocence certaine de Dreyfus, non seulement toute l'autorité d'une vérité légale, mais toute la force d'une vérité démontrée, il est devenu malaisé d'incriminer les intentions de Scheurer-Kestner et de ses amis. Le service qu'ils rendirent au pays est parfois encore méconnu. Il reste quelque chose des calomnies anciennes : on a dit tant de fois que, pour sauver un seul homme, nous n'avions pas craint de diviser le pays et d'ébranler la discipline militaire ; comblant nos criminelles imprudences, nous aurions exposé au danger d'une guerre le pays affaibli ! Auprès de telles accusations, les diffamations personnelles semblaient superflues. Nos adversaires n'apportaient d'ailleurs contre nous aucune preuve, et pour cause ; ils négligeaient même d'établir qu'ils aimaient plus que nous la patrie et qu'ils la servaient mieux. Comme eux, nous pensons que le salut d'un individu ne saurait être mis en balance avec celui du pays ; comme eux, nous savons qu'à toute heure, une nation doit être prête à se défendre et à faire au salut commun tous les sacrifices qu'il exige.

Il serait trop facile de justifier Scheurer-Kestner et ses amis ; parlant devant vous, Messieurs, je crois pouvoir m'en dispenser. Au moment où ils réclamèrent justice pour un innocent, aucun danger extérieur ne menaçait la France. Un des ministres de la Guerre qui ont affirmé à tort la culpabilité de Dreyfus, Cavaignac lui-même, n'a-t-il pas reconnu à la tribune que, seule, une question de justice se posait et qu'elle était du domaine de la loi française ?

Si l'affaire Dreyfus a laissé derrière elle des ruines, la plupart sont l'œuvre de nos adversaires, et ils demeurent responsables même de celles qu'ils ont le plus déplorées, car ils s'obstinèrent dans leur erreur, en dépit de clartés chaque jour plus vives, d'humiliations chaque jour plus cruelles. Quand furent divulguées les collaborations criminelles qu'ils avaient subies, ils tentèrent de les glorifier ! Hélas ! Messieurs, les officiers coupables avaient pu croire que leurs chefs souhaitaient de tels services... Mais quelles excuses accorderez-vous à ces chefs et au gouvernement qui, adjuré par Scheurer-Kestner de réparer leurs fautes, les faisait siennes et en commettait de nouvelles ?

Les partis de réaction avaient fait front contre la vérité ; enhardis par la faiblesse des pouvoirs publics, ils se flattèrent de vaincre et lièrent leur sort à celui de l'injuste condamnation. Plus près de nous, se multipliaient ces défaillances que guettent les factieux.

Il ne s'agissait plus seulement du malheureux Dreyfus. Il s'agissait de savoir si, dans notre pays, un homme quelconque resterait au bagne « innocent ou coupable ». Le principe même de la justice était en cause. Le péril qu'avait entrevu Scheurer-Kestner, le mortel danger d'une déchéance nationale apparut à la conscience française. Dans le monde entier, des cœurs généreux s'émurent avec elle, et leur émotion attesta noblement la solidarité humaine.

L'observation de la justice est, de toutes les nécessités sociales, la plus apparente et la plus impérieuse; seule, elle peut assurer la paix publique et l'union des citoyens. La justice est inséparable de la liberté, car l'une est la garantie de l'autre. Lutter pour la justice, c'est lutter pour la liberté, c'est lutter pour la vie.

Nous avons combattu. La lutte terminée, nous devions encore nous souvenir des grands exemples que nous avons reçus et honorer ceux qui nous les ont laissés. C'est pourquoi nos hommages vont aujourd'hui à Scheurer-Kestner, comme ils allaient hier à Trarieux, comme ils iront demain à Zola. Ces belles cérémonies réjouissent notre fidélité ; elles n'épuisent pas la reconnaissance publique. Les votes répétés du Parlement, la présence du chef de l'Etat, l'intervention des présidents des Chambres et du président du Conseil, l'empressement de tant d'hommes éminents, l'approbation de tous les bons citoyens ne sont pas seulement la plus haute des consécrations, mais la plus sûre des promesses. La France continuera à honorer Scheurer-Kestner aussi longtemps qu'elle conservera le culte de la vérité, de la liberté et de la justice.

Imp. BERGER et CHAUSSÉ,
20, rue Geoffroy-l'Asnier, Paris.

9 782019 132538